SYLT
IMPRESSIONEN

ISBN 3-88444-101-9

Copyright 1985
Kleineberg Verlag R.W. Kersting GmbH, Berlin-Wilmersdorf
Alle Rechte, auch die des auszugsweisen Nachdrucks
und der photomechanischen Wiedergabe, vorbehalten.
Photographie und Layout: Franz-Josef Rütz
Reproduktions-Vorlagen: Foto-Petersdorf, Halle/Westfalen
Reproduktionen: Service vor dem Druck, Bielefeld
Druck: Brillant-Offset GmbH & Co., Hamburg
Printed in Germany – Imprimé en Allemagne
VVA-Bestell-Nr. 333/00101

SYLT
IMPRESSIONEN

gesehen von Franz-Josef Rütz

Der Photograph
Franz-Josef Rütz

Franz-Josef Rütz, geboren 1937 in Münster, Textilkaufmann, Autodidakt in Film und Photographie, lebt heute in Halle/Westfalen.

Mit seiner ersten Buchveröffentlichung „Westfälische Impressionen" hat er sich als Künstler vorgestellt und war außerordentlich erfolgreich.

Der Wunsch, einmal eine andere Landschaft als die seiner Heimat zu photographieren, gab den Anreiz zu diesem 3. Buch.
Seine spezielle Liebe zu Sylt ist während zahlreicher Reisen und längerer Aufenthalte auf der Insel gewachsen.

Franz-Josef Rütz ist es gelungen, aus jedem einzelnen Bild ein visuelles Erlebnis zu machen. Nicht allein die meisterhaften Kompositionen erklären die besondere Wirkung, sondern vielmehr die ungewöhnliche Gabe dieses Mannes, zu wissen, was die Seele der Menschen in unserer Zeit anspricht.

Ich hatte die Möglichkeit, Franz-Josef Rütz auf einer dieser Seh-Reisen nach Sylt zu begleiten, konnte beobachten, wie intensiv er sich mit den gegensätzlichen Formen der Landschaft und ihren Stimmungen auseinandersetzte, sich in sie vertiefte, bis er selbst „dazugehörte".

Das vorliegende Buch zeigt keine Reihe von zufälligen Motiven, sondern führt den Betrachter über die Ausgewogenheit der Bilder in die Seele einer einzigartigen Insellandschaft.

Franz-Josef Rütz, born in Münster in 1937, textile merchant, autodidact in film and photography, lives in Halle/Westphalia today.

With his first book publication "Westfälische Impressionen" he introduced himself as an artist and was extremely successful.

His wish to take photographs of a scenery different from that of his home was the incentive for this 3rd book.
His special love for Sylt has grown during numerous journeys and long stays on the island.

Franz-Josef Rütz succeeded in turning every single photograph into a visual experience. Not only do the masterly compositions explain the special effect, but it is rather the unusual gift of this man to know what appeals to people's soul in our time.

I had the opportunity to accompany Franz-Josef Rütz on one of these "visual journeys" to Sylt, and could observe how intensively he looked at the contrasting forms of landscape and its atmosphere, how he got absorbed until he became part of it.

This book does not present a series of coincidental motives. Through the balance of the photographs it takes the observer into the soul of a unique island scenery.

Kampen/Sylt
22. November 84

Lieber Peter,

seit Eurer Abreise habe ich Sylt fast für mich alleine. Es ist ein Traum! Und welch große Bedenken hattest Du, mich hier zurückzulassen, ausgerechnet zu dieser Jahreszeit.

Das glückliche Inselgefühl, von dem ich mal gelesen habe, muß mich bereits erfaßt haben – so sehr, daß ich Dir ein bißchen davon abgeben möchte, indem ich versuche, meine Faszination zu beschreiben:

Das äußere Sylt, so wie Du es kennst, die bunte Ferienfabrik, will ich gar nicht erwähnen. Das Innere aber, die Seele, die kann man sich nur erfühlen. Zuerst mußte ich mich an das Alleinsein gewöhnen, bis ich darin etwas unglaublich Kostbares entdeckte: eine innere Quelle, die das Leben reicher fluten läßt und mich in Einklang mit mir selbst bringt. Man vergißt alles, auch sich selbst, und fühlt sich mit einem Mal befreit vom Alltagsleben.

Das verleiht meinem Dasein hier äußerste Intensität. Meine Sinne betrachten nur noch, sammeln ein und genießen. Körper, Geist und Seele blühen auf in dem Zauber, den die Luft auf Sylt großzügig verströmt. Einmal laufe ich weit den Strand entlang, umhüllt vom salzigen Sprühregen der Gischt, die in Schleiern vorüberweht – wie Seide. Mein Ziel ist es, die Südspitze der Insel bei Hörnum zu umwandern. Wie oft schon hatte ich mir das im Sommer vorgenommen. Die Flut drängt jetzt mit aller Gewalt dem Ufer entgegen und der Rhythmus der Wellen begleitet meine Schritte. In der Ferne, am wässernen Horizont, blitzt silbriggrün ein lichter Streifen. Darüber türmen sich Wolkengebilde aus schwerem Dunkelgrau, die dennoch immer wieder grelle Sonnenblicke durchlassen. Welch großartiges Schauspiel, wenn plötzliches Licht sich schillernd über dem Wasser ausbreitet, aus den Wellen löst und wieder neu erscheint. Es dringt in schattige Gründe, mal bläulich, mal dunkelviolett, bis alle Töne miteinander verschmelzen.

Dort wo der Strand seinen äußeren, südlichen Bogen beschreibt, wird das Meer auf einmal ganz still. Das gleichmäßige Rauschen des Wassers hält an, kurze, unwirkliche Augenblicke nur, dann fällt es wieder in seinen altgewohnten Rhythmus. An dieser Stelle strömt das Meer aus drei verschiedenen Richtungen seltsam gegeneinander und doch zusammen. Nicht sattsehen kann ich mich an den Formen und Farben, die vom warmen Beige des feinen Sandes über eine reiche Skala von Blau, Türkis und Grün reichen, bis hin zum opalfarbenen Dunst in der Ferne.

Wie wird es hier wohl in 10 Jahren aussehen?

Wird der Sand, auf dem ich jetzt gehe, den Fluten widerstehen können? Wie gnädig wird das Meer mit ihm umgehen?

Nach Hause zurückkehrend, bin ich bis zum Rand angefüllt mit den Herrlichkeiten dieses Tages. Ich wünschte, Du hättest ihn miterleben können, aber gleichzeitig denke ich im stillen: „Laß bloß niemanden kommen!"

Die wenigen Menschen, die mir jetzt begegnen, sind wie eine Auslese. Ich glaube, das ist so wie mit dem Muscheln- und Steinesammeln am Strand: sie sind um so schöner, je seltener sie sind.

Endlich habe ich auch ein paar Inselbewohner kennengelernt: handfeste Menschen, bestechend in ihrer Art frei zu sein, völlig sie selbst. Ihre Schweigsamkeit und Vorsicht läßt sie kritisch wirken. Kein Wunder, daß sie uns gegenüber so etwas wie Haßliebe entwickelt haben. Der jährliche Ansturm von Besuchern nagt mehr und mehr am Zauber ihrer Insel.

Eine Besonderheit sind für mich die Sylter Frauen. Allein ihre stolze Haltung ist bewundernswert. Sind sie es doch, die sich, vor allem in früheren Zeiten, um die Arbeit an Land kümmerten, Haus und Hof bestellten, während ihre Männer auf See waren. Ich denke, daß wir Binnenmenschen nur eine ferne Ahnung haben von den Sorgen dieser Menschen, die im ständigen Kampf mit der See leben.

Immer wieder zieht es mich ans Wattenmeer, an diese unendlich weite, schimmernde Fläche, die manchmal schiefrigglänzend einen zweiten Himmel hervorzaubert, oder, so wie gestern in einer leuchtenden Mittagsstunde am Kampener Watt, von unaufhörlichem Glitzern überzogen war. Wie sehr habe ich diese stille Stunde genossen, in der das Meer sich zurückzog. Einige zerzauste Tang- und

Algenreste bleiben immer liegen. Sie sehen aus wie bizarrer Schmuck auf dem gelben, mit schwarzem Schlick vermischten Sandboden. Mit diesen Bildern möchte man leben. Hinüberretten möchte ich sie aufs Festland, zusammen mit dem unbegrenzten Gefühl von Zeit und Raum, das ich auf dieser Insel gewonnen habe – Zeit zum Nachdenken und Raum für Wesentliches.

So sehr ich die Ruhe einsamer Ecken am Watt liebe, so sehr brauche ich auch die Wildheit des offenen Meeres, Gegensätze, die hier aufs schönste harmonieren.

Erinnerst Du Dich noch an unsere Diskussion, in der Du mich mit aller Macht für die Berge begeistern wolltest, ohne mich allerdings überzeugen zu können? Jetzt weiß ich warum. Ich weiß, warum mich gerade diese Landschaft immer festhalten wird. Es ist das ewig Wechselnde, Spiegelnde, sich Verschleiernde und Entschleiernde einer Welt, die hauptsächlich aus Himmel, Dunst und Wind besteht. Das würde ein Bergfreund nicht so sehen.

Kräftiger Wind treibt die Wolken über mir schnell voran, und trotz November strahlt der Himmel noch einmal in tiefem Sommerblau. Mein Weg zum Meer führt durch die hügeligen, sanft ansteigenden Dünen bei List. Wehendes Strandgras im Gegenlicht auf goldenem Dünengrund erinnert an asiatische Malerei. Immer näher kommt das dumpfe Brausen des Meeres, erfüllt mich mit Spannung und Ungeduld, bis ich endlich oben auf dem Dünenkamm stehe. Wie klein bin ich angesichts dieses grenzenlosen Wassers! Es gibt mir einen Begriff von Welt und meinem Verhältnis zur Welt. Könnte ich Dir doch den Blick von hier oben beschreiben. Man muß es sehen und die vollkommene Harmonie von Himmel, Meer und Erde erleben. Wie soll ich die dunstige Klarheit ausdrücken, die über dem Horizont liegt, wie Dir die Ströme von Licht darstellen, die sich im wirbelnden Wasser brechen?

Majestätisches liegt im Fließen der schäumenden Wogen, die blaugrün wie Gletschereis leuchten. Nur noch die Spitzen der hohen Schaumkronen werden von den schrägen Strahlen der Nachmittagssonne berührt und mit einem rosigen Hauch überzogen. Mir ist, als sei ich ringsum vom Meer umgeben, so überwältigend ist das Tosen der Brandung, wie von allem übrigen abgetrennt und eins mit dem Element. Die Luft ist feucht und klar wie Glas und intensiv riechend nach Tang und Salz. Das macht das Einatmen zum Genuß. Schwer und gewaltig schlagen die Brecher auf den Strand. Sie zerfließen unter der Wucht des Aufpralls zu einer ungebändigten weißen Decke aus Schaum. Welch prickelndes Gefühl, darin zu waten!

Der Sand ist übersät mit neuen Muscheln, gerundeten Steinen und flachgeschliffenen Glasstücken: zufällige Schätze, die ich nicht unbeachtet liegen lassen kann.

Mit den auflaufenden Wellen steigt die Kühle der sinkenden Sonne an Land. Unsicher werden die Konturen und Farben unter ihrem ziegelfarbenen Schein. Im Schatten vorüberziehender Wolkenschiffe erscheint das Wasser wie dunkle Tinte. Ich schaue dem Flug der Möwen nach. Wie gleichmütig sie durch den Sturm segeln. Ich höre ihr helles Kreischen über mir, das wie gespenstisches Gelächter klingt. Das schneeige Weiß ihrer Flügel gegen den dunklen Himmel, umkreisen sie immer wieder die Mole, um plötzlich niederzuschießen und nach den Brotstücken zu tauchen, die ich ihnen zuwerfe.

Der Sand bietet meinen Füßen keinen Halt mehr – mein Inselleben geht zu Ende. Die Zeit der Besinnung hat mich die Seele dieser Insel – ja meine eigene – spüren lassen. Ich werde wiederkommen! Noch einmal blicke ich abschiednehmend zurück aufs Meer, das jetzt von Purpur übergossen ist.

Kalt und unheimlich ist es, durch den dichten Nebel zu gehen, der das Land inzwischen in einheitliches Grau getaucht hat. Als ich den „Dorfkrug" erreiche, hat die Dämmerung schon begonnen. Du würdest Dein geliebtes Stammlokal nicht wiedererkennen, ohne all die Menschen. Trotzdem ist die wohlige Atmosphäre geblieben.

Einheimische am Tisch neben mir unterhalten sich über den angesagten Schnee. Während ich langsam meinen Grog schlürfe, stelle ich mir das winterliche Sylt vor: verschneite Dünen im blassen Licht der Wintersonne, Farben und Stimmungen, die Impressionisten, wie Nolde oder Modersohn, zum Malen angeregt hätten.

Ich wollte, ich könnte länger bleiben!

Habe ich Dir nun zu viel vorgeschwärmt? Vielleicht erkennst Du darin meinen Wunsch, Dir Sylt einmal so zu zeigen, wie ich es erlebt habe.

Mit lieben Grüßen   Deine   Beatrice

Kampen/Sylt
22nd November 84

Dear Peter,

Since your departure I have Sylt almost by myself. It is a dream! And what reservations did you have to leave me here, just at this time of the year.

The happy "island feeling" of which I once read must have already caught me – so much that I would like to pass on a bit of that to you by trying to describe my fascination:

I do not want to mention the outward Sylt, as you know it, the colourful "holiday factory". But the inside, the soul, one can only feel. In the beginning I had to accustom to being on my own until therein I discovered an unbelievable preciousness: an inner source which makes life stream richer and which puts me in harmony with myself. One forgets everything, oneself as well, and suddenly feels freed from everyday life.

This gives my presence here utmost intensity. My senses are nothing but watching, collecting and enjoying. Body, mind and soul blossom out in the magic which the air in Sylt generously exudes. Once I walk far along the shore, shrouded in the salty drizzle of the spray, which wafts by in veils – like silk. My aim is to walk around the southern end of the island at Hörnum. How often I intended to do that in summer. The flood now pushes onto the shoreline by force and the rhythm of the waves accompanies my steps. In the distance at the watery horizon a light streak is flashing silvery green. Above that creations of clouds are building up out of a heavy dark grey which nevertheless allow glaring glances of the sun every now and then. What a magnificent spectacle when light suddenly spreads shimmering over the water, dissolves in the waves and reappears. It penetrates into shady grounds, sometimes bluish, sometimes dark purple, until all shades blend.

Where the beach describes its outer, southern curve the sea suddenly gets completely quiet. The regular booming of the water stops, short, unreal moments only, then it returns to its usual rhythm. At this point streams from three different sources strangely interfere and at the same time flow together. I cannot see enough of the forms and colours which reach from the warm beige of the fine sand through a rich range of blue, turquoise and green to the opal-coloured haze in the distance.

What will it look like here in 10 years' time?

Will the sand on which I am walking now be able to withstand the rising tides? How merciful will the sea deal with it?

Going home, I am completely filled with the glory of this day. I wish you could have shared all this but at the same time I think by myself: "Please, let nobody come!"

The few people who I meet now are like a selection. I think it is like collecting shells and stones on the beach: they are nicer the rarer they are.

Eventually I got to know some of the inhabitants of the island, too: sturdy people, captivating in their way of being free, entirely themselves. Their silence and caution makes them appear critical. No wonder that they developed something like a love-hate relationship towards us. The annual run of visitors gnaws more and more at their island's charm.

To me, the women of Sylt are something exceptional. Already their proud posture is admirable. It is them who, mainly in the old days, looked after the work ashore, who set house and home in order while their husbands were at sea. I think that we inlanders only have a vague idea of the worries of these people who live in constant struggle with the sea.

Again and again I feel drawn towards the mud-flats, to this infinite broad, glimmering expanse, which sometimes, shining like slate, conjures up a second sky or which is, like yesterday in a radiant noon at the mud-flats of Kampen, covered with continual glitter. How much did I enjoy this quiet hour during which the sea drew back. Some windswept rests of seaweed and algae always remain. They look like bizarre jewellery on the yellow sandy soil which is mingled with black silt. One wants to live with these pictures.

I would like to get them to safety on the mainland, together with the infinite feeling of time and space which I gained on this island – time to think and space for essential things.

As much as I love the forlorn places at the mud-flats, so much do I need the ferocity of the open sea, contrasts which marvellously harmonize with each other here.

Do you still remember our discussion in which, with all your power, you wanted to fill me with enthusiasm for the mountains without, however, being able to convince me? Now I know why. I know why just this landscape will fascinate me forever. It is the always changing, reflecting, itself disguising and revealing of a world which mainly consists of sky, haze and wind. Somebody who loves the mountains would not see it this way.

A powerful wind is pushing the clouds above me and even though it is November the sky is still shining in a deep summery blue. My way to the sea leads through the hilly, smoothly rising dunes near List. Against the light waving marram on golden dunes is suggestive of Asian painting. Closer and closer comes the hollow roaring of the sea, fills me with suspense and impatience until I finally stand on top of the dune. How small am I considering the infinite sea!

This gives me a conception of the world and my relation to the world. If I could only describe for you the view from up here. One has to see it and to experience the complete harmony of sky, sea and earth. How shall I express the misty clearness which is lying above the horizon, how picture the streams of light that refract in the whirling water?

Something majestic is inherent in the flow of the foaming waves which are shining blue-green like glacier ice. Only the peaks of the high whitecaps are still touched by the slanting beams of the afternoon sun and coated with a rosy tinge. I feel as if I am completely surrounded by the sea, thus overwhelming is the roaring of the surf, like being separated from everything else and being united with the element.

The air is moist and clear as glass and intensively smelling of seaweed and salt. This makes breathing a pleasure. The breakers hit the beach heavy and powerful. They melt away under the impact of the crash to an uncontrolled white layer of foam. What a tingling feeling to wade in it!

The beach is strewn with new shells, rounded stones and polished pieces of glass: accidental treasures which I cannot leave unnoticed.

With the rising waves the coolness of the setting sun comes ashore. Outlines and colours become uncertain in her brick-coloured gleam. In the shade of passing clouds the water seems to be like dark ink. I follow the flight of the seagulls with my eyes. How serene they glide through the storm. I hear their clear screaming above me which sounds like eery laughter. With the snowy white of their wings towards the dark sky they again and again circle the mole to swoop down suddenly and to dip for pieces of bread which I throw to them.

The sand does not hold my feet any more – my time on the island comes to an end. The time of contemplation made me feel the soul of this island – as well as my own. I shall come back! Saying goodbye I look back to the sea once again which is bathed in crimson now.

It is cold and frightening to walk through thick mist which has meanwhile shrouded the land in uniform grey. When I reach the "Dorfkrug" dusk has already fallen. You would not recognize your favourite pub without all the people. In spite of that the cosy atmosphere has remained.

At the table next to mine locals are talking about the forecasted snow. While I am slowly savouring my grog, I imagine the wintry Sylt: snow-covered dunes in the pale light of the winter sun, colours and moods which would have inspired impressionists like Nolde and Modersohn to paint.

I wish I could stay longer!

Did I go into raptures now? Perhaps in that you see my wish to show you Sylt in the way I have experienced it.

Love, Beatrice

Verzeichnis der Abbildungen

Seite	Abbildung Technischer Hinweis
6/7	Blick vom Hindenburgdamm auf Sylt (28 mm; Bl. 4.5; 1/250 Sek.)
8/9	Tor in Großmorsum (28 mm; Bl. 11; 1/60 Sek.)
10	Witthüs in Wenningstedt (24 mm; Bl. 8; 1/30 Sek.)
11	Kapitänshaus in Keitum (24 mm; Bl. 16; 1/30 Sek.)
12	Priel bei Rantum (24 mm; Bl. 8; 1/125 Sek.)
13	Hobbyfischer am Ellbogen von List (24 mm; Bl. 11; 1/125 Sek.)
14/15	Die See bei Munkmarsch (24 mm; Bl. 11; 1/30 Sek.)
16/17	Buhne am Watt in Munkmarsch (24 mm; Bl. 16; 1/15 Sek.)
18	Bauernhof in Archsum (24 mm; Bl. 16; 1/125 Sek.)
19	Blumenfeld in Großmorsum (24 mm; Bl. 11; 1/60 Sek.)
20	Haus Ahrenshoop in Kampen (50 mm; Bl. 8; 1/60 Sek.)
21	Teestube im Haus Ahrenshoop (19 mm; Bl. 11; 1/15 Sek.)
22/23	Auf dem „Roten Kliff" (24 mm; Bl. 16; 1/125 Sek.)
24/25	Deich am Kat-rewel/Morsum (24 mm; Bl. 11; 1/8 Sek.)
26	Noldegarten vor Keitumer Haus (24 mm; Bl. 5.6; 1/125 Sek.)
27	Friesenhaus in Keitum (28 mm; Bl. 11; 1/60 Sek.)
28/29	Buhne am Kliffende von Kampen (24 mm; Bl. 5.6; 1/125 Sek.)
30	Pflanzeninsel am Ellbogen von List (50 mm; Bl. 8; 1/125 Sek.)
31	Strandhafer an der Wattseite vom Ellbogen (24 mm; Bl. 11; 1/60 Sek.)
32	Einfahrt eines Kinderdorfes in Rantum (24 mm; Bl. 11; 1/30 Sek.)
33	Blumenpflückerin an der Wattseite von Kampen (50 mm; Bl. 11; 1/60 Sek.)
34	Teil einer Buhne in Rantum (50 mm; Bl. 5.6; 1/30 Sek.)
35	Buhne am Morsumer Kliff (24 mm; Bl. 11; 1/30 Sek.)
36	Segelboote an der Wattseite von Rantum (90 mm; Bl. 5.6; 1/125 Sek.)
37	Segelboot an der Wattseite zwischen Rantum und Hörnum (150 mm; Bl. 4.5; 1/125 Sek.)
38	Friesenhaus in Hörnum (24 mm; Bl. 11; 1/60 Sek.)
39	Leuchtturm am Ostellenbogen bei List (28 mm; Bl. 8; 1/125 Sek.)
40	Winterliches Reetfeld in Braderup (28 mm; Bl. 18; 1/60 Sek.)
41	Morsumer Kliff im Juli (24 mm; Bl. 11; 1/30 Sek.)
42/43	Strandhafer in Kampen, Höhe „Buhne 16" (24 mm; Bl. 11; 1/125 Sek.)
44/45	Keitum mit Blick auf Munkmarsch (24 mm; Bl. 8; 1/60 Sek.)
46	Sonnenspiegelung im Watt von List (50 mm; Bl. 11; 1/500 Sek.)

Seite	Abbildung Technischer Hinweis	Seite	Abbildung Technischer Hinweis
47	Sonnenspiegelung während des Badens (24 mm; Bl. 11; 1/500 Sek.)	66	Friedhof der Namenlosen in Westerland (24 mm; Bl. 11; 1/250 Sek.)
48/49	Sonnenuntergang am „Roten Kliff" in Kampen (24 mm; Bl. 11; 1/8 Sek.)	67	Kirche in Morsum (24 mm; Bl. 11; 1/125 Sek.)
50	Jan-Meinert aus Keitum (90 mm; Bl. 5.6; 1/250 Sek.)	68	Am Strand von Hörnum – Westseite (24 mm; Bl. 11; 1/125 Sek.)
51	Jan-Meinert aus Keitum (50 mm; Bl. 11; 1/60 Sek.)	69	Südspitze von Sylt (24 mm; Bl. 11; 1/125 Sek.)
52	Verbotener Dünenweg in Kampen (24 mm; Bl. 11; 1/125 Sek.)	70	Sprottenfänger im Hörnumer Hafen (90 mm; Bl. 8; 1/250 Sek.)
53	Blick vom „Roten Kliff" in Kampen (24 mm; Bl. 5.6; 1/60 Sek.)	71	Hörnumer Hafen bei Sturm (50 mm; Bl. 8; 1/250 Sek.)
54	Holztreppe zum Strand von Wenningstedt (80 mm; Bl. 5.6; 1/250 Sek.)	72/73	Am Ellbogen in List (24 mm; Bl. 16; 1/125 Sek.)
55	Wanderer an der Bucht von Hörnum (50 mm; Bl. 2.8; 1/125 Sek.)	74	Blick auf Rantum (50 mm; Bl. 5.6; 1/30 Sek.)
56/57	Puderschnee auf den Dünen von Braderup (24 mm; Bl. 11; 1/60 Sek.)	75	Blick von Rantum aufs Watt (24 m; Bl. 5.6; 1/30 Sek.)
58	Steg im Morgenlicht am Strand von Wenningstedt (50 mm; Bl. 11; 1/15 Sek.)	76	Hof in Archsum (75 mm; Bl. 8; 1/125 Sek.)
59	In den Vogelweiden an der Wattseite von Kampen (50 mm; Bl. 11; 1/15 Sek.)	77	Hof in Archsum (24 mm; Bl. 11; 1/125 Sek.)
60	Garage in Wenningstedt (24 mm; Bl. 5.6; 1/30 Sek.)	78	Wanderdüne bei List (24 mm; Bl. 11; 1/60 Sek.)
61	Friesenhaus in Osterende/Morsum (24 mm; Bl. 11; 1/30 Sek.)	79	Wanderdüne bei List (24 mm; Bl. 16; 1/60 Sek.)
62/63	Blick vom „Roten Kliff" (24 mm; Bl. 8; 1/60 Sek.)	80	Friesenhäuser in Hörnum (24 mm; Bl. 11; 1/15 Sek.)
64	Gartentor mit Hecke in Serk-Waí/Morsum (50 mm; Bl. 8; 1/125 Sek.)	81	Hörnumer Leuchtturm (90 mm; Bl. 5.6; 1/125 Sek.)
65	Tor in Osterende mit Blick auf Serk-Waí/Morsum (28 mm; Bl. 11; 1/60 Sek.)	82	Hörnumer Strand – Westseite (24 mm; Bl. 11; 1/60 Sek.)
		83	An der Hörnumer Bucht (180 mm; Bl. 11; 1/30 Sek.)
		84	Strand in Kampen (28 mm; Bl. 16; 1/125 Sek.)

Seite	Abbildung Technischer Hinweis	Seite	Abbildung Technischer Hinweis
85	Strand in Kampen (24 mm; Bl. 11; 1/250 Sek.)	105	Der Dorfkrug in Kampen (24 mm; Bl. 11; 1/125 Sek.)
86	Keitumer Kirchturm (24 mm; Bl. 11; 1/60 Sek.)	106	Wasserauflauf bei Sonnenuntergang (180 mm; Bl. 2.8; 1/125 Sek.)
87	Keitumer Kirche (24 mm; Bl. 11; 1/60 Sek.)	107	Morgensonne in Munkmarsch (24 mm; Bl. 11; 1/15 Sek.)
88	Orgelboden der Keitumer Kirche (50 mm; Bl. 11; 1/8 Sek.)	108	Braderuper Wattseite (24 mm; Bl. 11; 1/60 Sek.)
89	Keitumer Kirche (21 mm; Bl. 11; 1/15 Sek.)	109	Kampener Leuchtturm am 19. 12. 1983
90	Bauernsohn aus Archsum (90 mm; Bl. 5.6; 1/125 Sek.)	110/111	Friesenhaus in Keitum (28 mm; Bl. 11; 1/30 Sek.)
91	Pensionierter Bahnbeamter aus Westerland (70 mm; Bl. 8; 1/125 Sek.)	112	Frühstück ab 7.00 Uhr bei Bäcker Ingwersen in Morsum (24 mm; Bl. 11; 1 Sek.)
92	Abend am „Roten Kliff" (50 mm; Bl. 2.8; 1/60 Sek.)	113	Gaststube im Dorfkrug (24 mm; Bl. 11; 1/8 Sek.)
93	Sonnenuntergang in Kampen (24 mm; Bl. 11; 1/2 Sek.)	114	Tür von Friesenhaus in Kampen (90 mm; Bl. 5.6; 1/125 Sek.)
94	Schottische Kuh in Wenningstedt (180 m; Bl. 5.6; 1/30 Sek.)	115	Friesenhaus in Wenningstedt (24 mm; Bl. 11; 1/250 Sek.)
95	Lister „Kühe" (90 mm; Bl. 4.5; 1/60 Sek.)	116/117	Brief von Beatrice an Peter
96/97	Am Ellbogen von List (28 mm; Bl. 11; 1/15 Sek.)	118/119	Letter from Beatrice to Peter
98	Traktor in Wenningstedt (180 mm; Bl. 4.5; 1/125 Sek.)	120/121	Strandpromenade von Westerland im Juli 1952 (50 mm; Bl. 8; 1/125 Sek.)
99	Am Ententeich von Wenningstedt (24 mm; Bl. 8; 1/125 Sek.)	122/123	Segelhafen in Rantum (24 mm; Bl. 11; 1/30 Sek.)
100	Spaziergänger an der Westerheide (50 mm; Bl. 5.6; 1/125 Sek.)	124/125	Friesenstube im Haus Ahrenshoop (21 mm; Bl. 11; 1/100 – mit Blitz)
101	Windspiele in Kampen (24 mm; Bl. 5.6; 1/250 Sek.)	126/127	Keitum – Blick auf das Wattenmeer (24 mm; Bl. 5.6; 1/125 Sek.)
102/103	Blick vom Strand auf Haus Kliffende (24 mm; Bl. 11; 1/125 Sek.)	128	Feuchtwiesen in der Wulde Schlucht/Braderup (24 mm; Bl. 8; 1/30 Sek.)
104	Stil im Dorfkrug von Kampen (24 mm; Bl. 11; 1/60 Sek.)	129	Nebelmorgen in Archsum (50 mm; Bl. 5.6; 1/30 Sek.)

Seite	Abbildung Technischer Hinweis
130	Ölbild von Bärbel Voss/Morsum (90 mm; Bl. 11; 1/60 Sek.)
131	Erzieherin aus Morsum (135 mm; Bl. 5.6; 1/125 Sek.)
132	Geschäftshaus in Keitum (24 mm; Bl. 11; 1/60 Sek.)
133	Häuser in List (24 mm; Bl. 16; 1/125 Sek.)
134	Mauer vom Pfarrhaus in Morsum (24 mm; Bl. 11; 1/125 Sek.)
135	Hofmauer in Archsum (50 mm; Bl. 8; 1/60 Sek.)
136/137	Blick von Kampen auf Wattseite (24 mm; Bl. 11; 1/30 Sek.)
138	Dorfstraße in Keitum am Morgen (24 mm; Bl. 11; 1/15 Sek.)
139	Haus in Keitum (24 mm; Bl. 5.6; 1/60 Sek.)
140	An den Vogelweiden in Kampen (24 mm; Bl. 5.6; 1/30 Sek.)
141	Reet in Braderup (24 mm; Bl. 8; 1/30 Sek.)
142	Tiere am Dorfrand von Keitum (180 mm; Bl. 4.5; 1/125 Sek.)
143	Reiter am Strand von Braderup (24 mm; Bl. 5.6; 1/250 Sek.)
144	Herr Gosch (80 mm; Bl. 11; 1/125 Sek.)
145	Nördlichste Fisch-Imbißstube Deutschlands (21 mm; Bl. 11; 1/60 Sek.)
146	Haus in Keitum (24 mm; Bl. 11; 1/125 Sek.)
147	Haus an der Friedrichstraße in Westerland in der Morgensonne (24 mm; Bl. 11; 1/250 Sek.)
148	Zimmermann aus Westerland (135 mm; Bl. 8; 1/125 Sek.)

Seite	Abbildung Technischer Hinweis
149	Pensionsinhaberin aus Morsum (80 mm; Bl. 5.6; 1/60 Sek.)
150	Blick von der Hörnumer Bucht (24 mm; Bl. 8; 1/60 Sek.)
151	Hörnumer Bucht am Abend (80 mm; Bl. 5.6; 1/60 Sek.)
152	Krabbenfangnetze im Hafen von Munkmarsch (24 mm; Bl. 11; 1/15 Sek.)
153	Krabbenfänger im Hafen von Munkmarsch (24 mm; Bl. 11; 1/15 Sek.)
154/155	Vier Trennungswege in Tinnum
156/157	Schafe in Tinnum (24 mm; Bl. 8; 1/60 Sek.)
158/159	Wetterwechsel in Keitum (80 mm; Bl. 8; 1/15 Sek.)
160/161	Reet-Landschaft in Morsum (24 mm; Bl. 11; 1/30 Sek.)
162	Friesenhaus am Strand in Braderup (80 mm; Bl. 8; 1/125 Sek.)
163	Friesenhaus in Keitum (24 mm; Bl. 11; 1/15 Sek.)
164/165	Strandbucht in Hörnum (24 mm; Bl. 11; 1/125 Sek.)
166/167	Seelandschaft in Munkmarsch (24 mm; Bl. 11; 1/8 Sek.)
168	Der Kat-rewel mit Reet in Morsum (80 mm; Bl. 5.6; 1/125 Sek.)
169	Flut am Watt in Morsum (24 mm; Bl. 11; 1/60 Sek.)
170	Friesenhaus in Keitum (50 mm; Bl. 5.6; 1/30 Sek.)
171	Tür in Keitum (24 mm; Bl. 11; 1/15 Sek.)
172/173	Moorlandschaft zwischen Rantum und Hörnum (24 mm; Bl. 11; 1/30 Sek.)

Seite	Abbildung Technischer Hinweis
174/175	Kühe in Morsum (24 mm; Bl. 11; 1/250 Sek.)
176	Priele mit Brücke in Orhörn/Morsum
177	Sonnenuntergang in Orhörn/Morsum
178/179	Reet im Gegenlicht – Ortsteil Braderup
180	Dezember bei „Buhne 16" (24 mm; Bl. 11; 1/60 Sek.)
181	Eis im Hafen von Munkmarsch (24 mm; Bl. 11; 1/30 Sek.)
182	Dachdecker in Westerland (24 mm; Bl. 8; 1/125 Sek.)
183	„Karlchen" Rosenkranz mit seinen Hobbies (50 mm; Bl. 11; 1/100 Sek. – mit Blitz)
184/185	Dünenlandschaft bei List (24 mm; Bl. 11; 1/60 Sek.)
186	Ehemaliges Salzlagerhaus in Keitum (50 mm; Bl. 5.6; 1/60 Sek.)
187	Geschäftshaus in Keitum (24 mm; Bl. 11; 1/125 Sek.)
188/189	Friesenhaus in Keitum (28 mm; Bl. 11; 1/30 Sek.)
190/191	Bucht von Hörnum (24 mm; Bl. 11; 1/250 Sek.)
192/193	Am Strand zwischen Kampen und List (24 mm; Bl. 11; 1/60 Sek.)
194	Blick vom Ellbogen auf die Lister Dünen (80 mm; Bl. 11; 1/125 Sek.)
195	Am Watt von Braderup (24 mm; Bl. 11; 1/250 Sek.)
196	Der Seiler Hof in Keitum (24 mm; Bl. 16; 1/60 Sek.)
197	Friesenhaus in Keitum (24 mm; Bl. 11; 1/250 Sek.)
198	Dünenweg im Winter bei Rantum (50 mm; Bl. 8; 1/250 Sek.)
199	Wanderdüne mit Schnee bei List (24 mm; Bl. 22; 1/60 Sek.)
200	Blick vom Keitumer Friedhof auf's Wattenmeer (180 mm; Bl. 11; 1/30 Sek.)
201	Am Dorfrand von Keitum – Nähe Kirche (24 mm; Bl. 5.6; 1/250 Sek.)
202	Kliffende in Kampen (50 mm; Bl. 5.6; 1/125 Sek.)
203	Noldes Zimmer im Haus „Kliffende" (24 mm; Bl. 11; 1/30 Sek.)
204/205	Sylter Westseite am Klappholtal zwischen Kampen und List (24 mm; Bl. 11; 1/15 Sek.)
206	Haferfeld in Braderup (50 mm; Bl. 11; 1/125 Sek.)
207	Strandhaferpflanzung in Hörnum (24 mm; Bl. 8; 1/30 Sek.)
208/209	Friesenhaus in Keitum (24 mm; Bl. 11; 1/30 Sek.)
210/211	Am Meer in Kampen mit Blick auf das „Rote Kliff" (21 mm; Bl. 5.6; 1/125 Sek.)
212	Sturm an der Westerländer Promenade (24 mm; Bl. 5.6; 1/250 Sek.)
213	Parkplatz am Lister Hafen (24 mm; Bl. 11; 1/60 Sek.)
214	Tor in Morsum (24 mm; Bl. 8; 1/60 Sek.)
215	Wintermorgen am Braderuper Watt (24 mm; Bl. 11; 1/15 Sek.)
216/217	Wanderweg am Strand von Kampen (80 mm; Bl. 4.5; 1/125 Sek.)
218	Golf-Clubhaus in Morsum (180 mm; Bl. 11; 1/30 Sek.)
219	Blick auf Rantum (24 mm; Bl. 5.6; 1/30 Sek.)
220/221	Tor in den Weiden von Westerland (24 mm; Bl. 11; 1/125 Sek.)
223/227	Verzeichnis der Abbildungen

Fotografiert wurde mit Leica M3, Leicaflex, Leica R3 und Leica R4. Als Fotomaterial wurde ausschließlich Kodak Negativfilm 100 ASA, 200 ASA und 400 ASA eingesetzt.